Je lis avec Kimamila 2

Isabelle Le Guay
Illustrations : Marion Billet et Josiane Nicolle
Illustration de couverture
et du personnage de Kimamila : Jean-Noël Rochut

Le papier de cet ouvrage est composé de fibres naturelles, renouvelables, fabriquées à partir de bois provenant de forêts gérées de manière responsable.

Cet ouvrage est conforme à la nouvelle orthographe
www.orthographe-recommandee.info

Nathan

Des sons et des lettres : j'entends (k), je vois [c], [qu], [k]

Je nomme les dessins. Je les montre quand j'entends (k).

Je nomme les dessins. Je montre la case où j'entends (k).

Je montre toutes les façons d'écrire le son (k).

k	c	o	c	qu	k	pu	c	qu	o	p	c	k

Je dis la couleur du ballon qui contient le même motif que le premier ballon.

Je lis.

ca - co - cou - cau - ki - ka - qui - que
clo - col - cla - cal - cra - car - cro - cor
un canari - une commode - un placard - une dictée
un kilo - un koala - un masque - une équipe - une quiche

un coq

Je dis dans quelle valise peut aller chaque mot en image.

Je lis les phrases. Je montre la phrase qui correspond à l'image.

Claude dessine un masque.
Éric a quatre cravates.
Coline donne une cravate à son père.

Des sons et des lettres : j'entends è, je vois è, ê

è È · è È

une chèvre

ê Ê · ê Ê

une fête

Je nomme les dessins. Je les montre quand j'entends è.

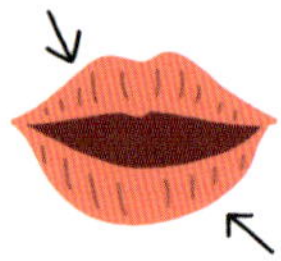

Je nomme les dessins. Je montre la case où j'entends è.

Je montre toutes les façons d'écrire le son è.

e	é	è	è	ê	è	é	ê	è	è

Je dis la couleur du ballon qui contient le même motif que le premier ballon.

è e
é è

é e
è è

é é
è è

è e
é è

e è
è é

Je lis.

pè - lè - tè - chè - mè - pê - chê - hê
un arrêt - une arrête - un chêne - un hêtre - une pêche
une lèvre - une chèvre - une vipère - un père
il achète - il amène - il se dépêche

Je dis dans quelle(s) valise(s) peut aller chaque mot en image.

Je lis les phrases. Je montre la phrase qui correspond à l'image.

Le lièvre court vite.
Ma mère se lève très tôt.
Inès promène le petit Théo.

Des sons et des lettres : j'entends è, je vois ai, ei

ai

ai
du lait

ei

ei
une reine

> Je nomme les dessins. Je les montre quand j'entends è.

> Je montre toutes les façons d'écrire le son è.

ai	ei	é	è	i	a	ê	ai	ê	é

> Je dis dans quelle valise peut aller chaque mot en image.

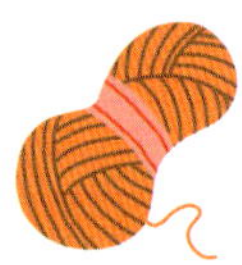

> Je dis la couleur du collier dans lequel j'entends seulement le son è.

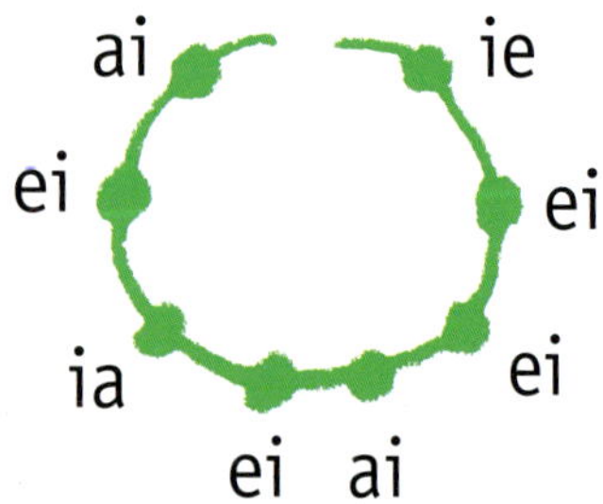

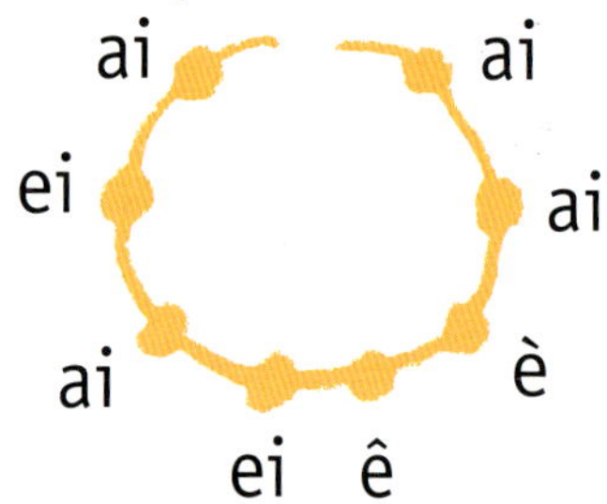

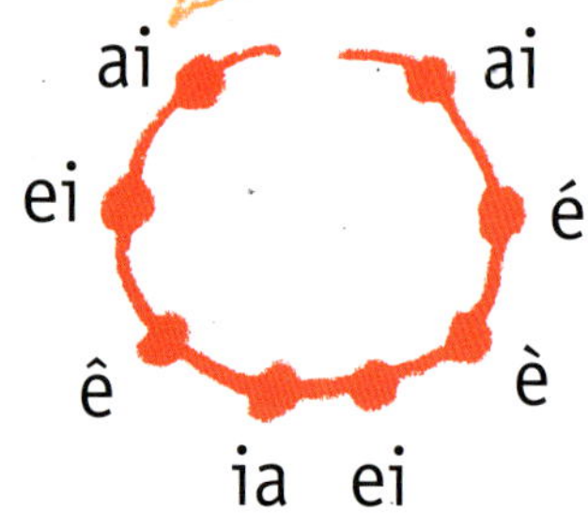

Je lis.

pa - pai - pei - la - lei - ma - mai - fa - fai
cha - chai - ra - rei - tai - tei - plai - plei
du lait - un traineau - un trait - une laisse - un palais
une reine - elle est pleine - elle a de la peine

Je montre le mot qui correspond à l'image.

une reine
une veine
une peine

une traine
de la laine
une chaine

un père
une mère
une chèvre

Je lis les phrases. Je montre la phrase qui correspond à l'image.

Adèle apporte un mètre à ma mère.
La soupe est très épaisse.
Le maitre ouvre la vitre.

Des sons et des lettres : j'entends (f), je vois [f], [ph]

f F  f F F

un faucon

ph  ph

un phare

> Je nomme les dessins. Je les montre quand j'entends (f).

> Je nomme les dessins. Je montre la case où j'entends (f).

> Je montre toutes les façons d'écrire le son (f).

f	f	t	ph	l	f	t	ff	ph	t	f

> Je dis la couleur du ballon qui contient le même motif que le premier ballon.

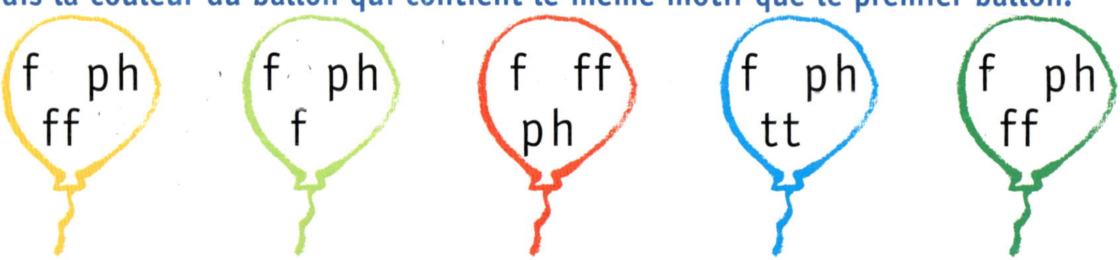

Je lis.

fa - fou - fau - fla - fli - fra - fro - fil - fal - for
pha - pho - phon - phi - phe - phé
une fourmi - une photo - un phare - un téléphone
une moufle - un coffre - souffler - frotter

Je montre le mot qui correspond à l'image.

un film
une affiche
une fée

une foule
une fourmi
la foudre

un téléphone
un phare
une photo

Je lis les phrases. Je montre la phrase qui correspond à l'image.

Le navire flotte sur l'eau.
Philippe va à la fête.
Les enfants ont fini les frites.

Des sons et des lettres : j'entends on, je vois on, om

Je nomme les dessins. Je les montre quand j'entends on.

Je nomme les dessins. Je montre la case où j'entends on.

Je montre tous les on.

on	an	on	ou	on	ou	ou	an	on	on	on

Je dis la couleur du collier qui ne contient que des on.

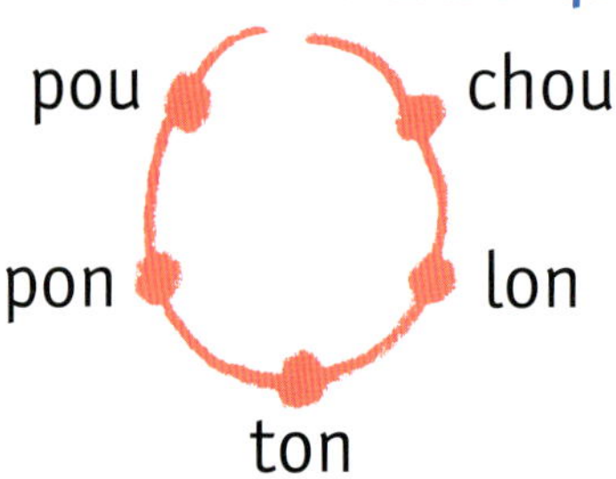

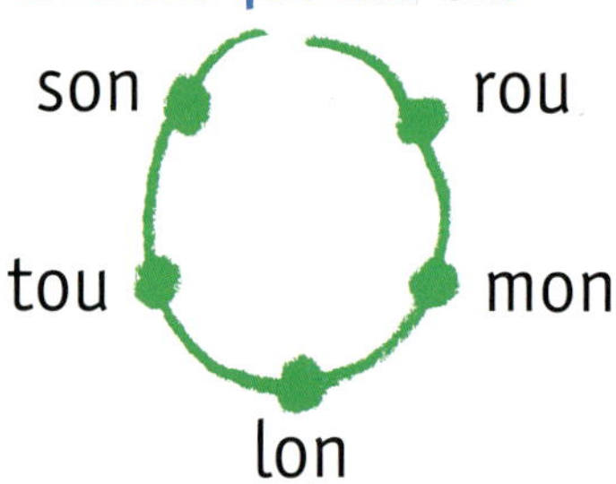

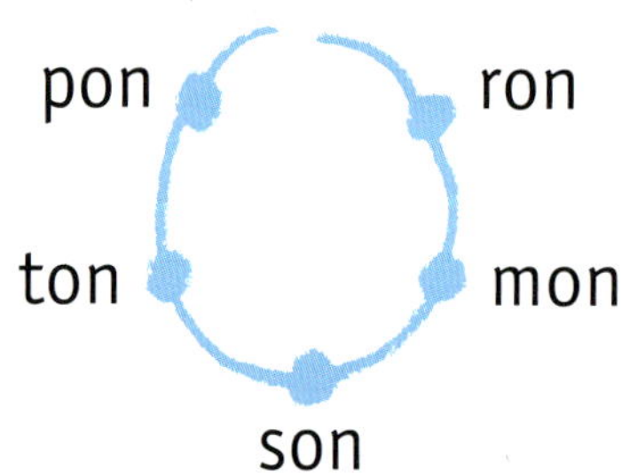

Le mécano des lettres

Je lis.

ron - don - ton - tron - pon - plon - pom - tom - rom
un mouton - un marron - un pardon - le monde - une ronde
un chaton - un pompier - une pompe - pomper - un pont
un pompon - un édredon - un lardon - nous montons

Je montre le mot qui correspond à l'image.

un raton
un chaton
un mouton

un pompier
une pompe
une trompe

un rond
un tronc
du thon

Je lis les phrases. Je montre la phrase qui correspond à l'image.

Maman lave mon doudou avec du savon.
Le chaton monte sur la table du salon.

Des sons et des lettres : j'entends (s), je vois [c], [ç]

Je nomme les dessins. Je les montre quand j'entends (s).

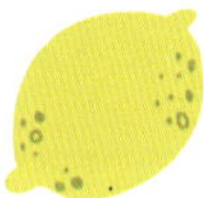     

Je lis les mots. Je montre la lettre qui suit la lettre c qui se dit (s).

e i y

un morceau - le cinéma - un centime - un tricycle - effacer

Je lis les mots. Je montre la lettre qui suit la lettre ç qui se dit (s).

a o u

un maçon - une leçon - il plaçait - un reçu - nous plaçons

Je dis la couleur du collier dans lequel j'entends seulement le son (s).

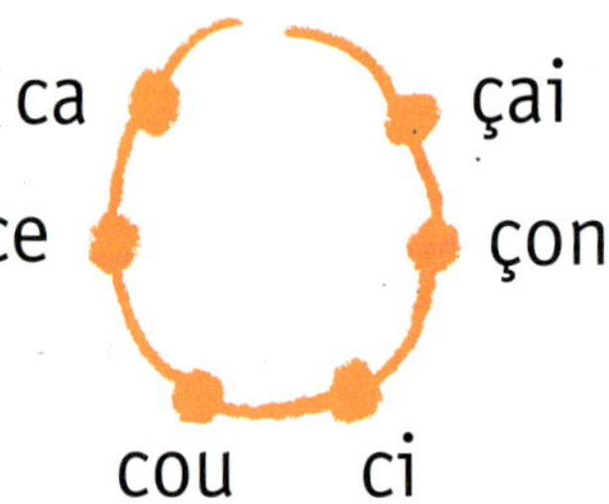

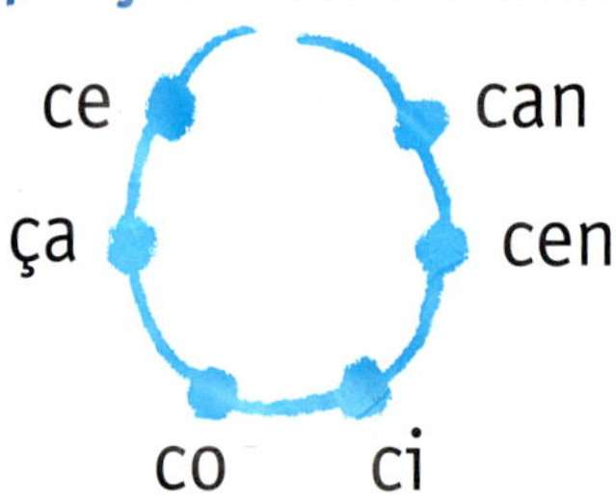

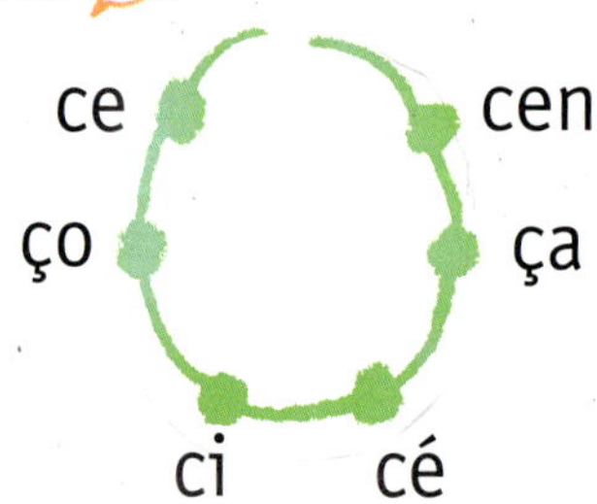

Je lis.

ce - ci - cé - ceau - cen - ça - çon - çai - çan - çu
cy - ça - ce - ci - çau - ceau - cen
une centaine - un délice - une puce - la police - du ciment
décider - féliciter - lancer - menacer - placer - avancer - tracer
une façon - un maçon - une leçon - un reçu - une façade
il avançait - il menaçait - il plaçait - il lançait - il traçait

Je montre le mot qui correspond à l'image.

un citron
un cirque
un cinéma

une sauce
une puce
une limace

un maçon
un caleçon
un colimaçon

Je lis les phrases. Je montre la phrase qui correspond à l'image.

Cécile saute à la corde très difficilement.
Cédric trace un trait à la craie sur le sol.

Des sons et des lettres : j'entends (b), je vois [b]

b B — b B

un biberon

Je nomme les dessins. Je les montre quand j'entends (b).

Je nomme les dessins. Je montre la (ou les) case(s) où j'entends (b).

Je montre tous les **b**.

b	d	b	b	p	b	q	p	b	b

Je dis la couleur du ballon qui contient le même motif que le premier ballon.

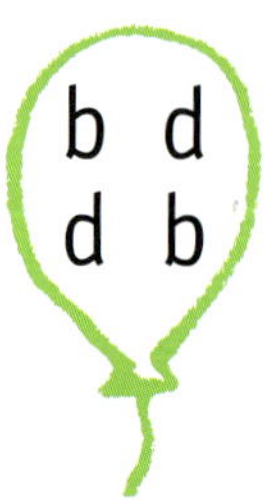

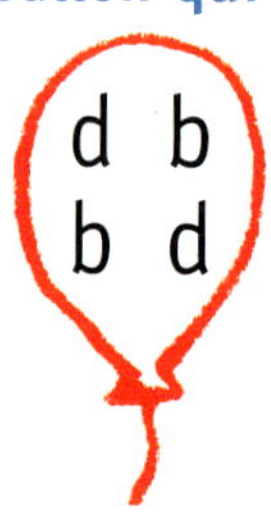

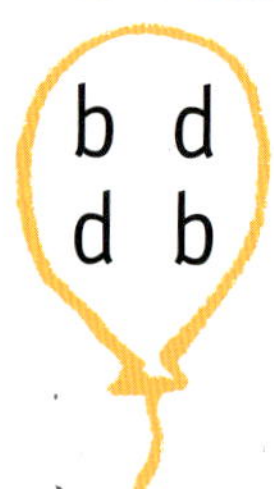

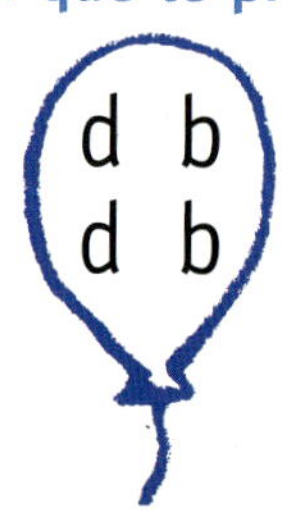

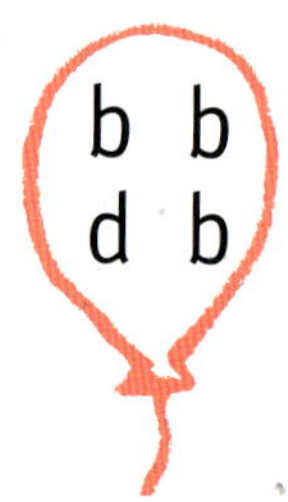

Je lis.

ba - bi - bé - bo - bou - aba - abi - bra - bar - bor - bro
une cabine - une branche - une barbe - un tableau
beaucoup - un tambour - un ruban - un bouchon
border - broder - embrasser - embarrasser - embêter

Je dis dans quelle(s) valise(s) peut aller chaque mot en image.

Je lis les phrases. Je montre la phrase qui correspond à l'image.

Bénédicte est tombée dans la rue. Elle a un beau pansement.
Bruno prend une douche beaucoup trop chaude.
Bénédicte porte des bottes.

Des sons et des lettres : j'entends (on), (an), je vois [on], [an]

Je nomme les dessins. Je relie avec le doigt chaque dessin au bon nombre de syllabes.

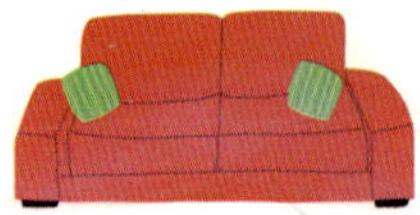

Je lis les mots. Je montre la lettre qui suit la lettre n.

a e o i u

un poney - un canapé - un piano - annuler - un animal

J'aide Kimamila à trouver le chemin qui passe seulement par des mots contenant le son (n).

une chanson

une minute

un animal

une lampe

un canari

un caniche

une banane

une couronne

une manche

un canard

un bouton

un anneau

Je lis.

une monitrice - un marronnier - un canapé - un canari
un ananas - il est connu - un canoë - une sonnerie
un canard - une banane - un tonneau - un domino
un animal - un caniche - une minute - il anime

Je choisis la bonne valise pour compléter chaque mot.

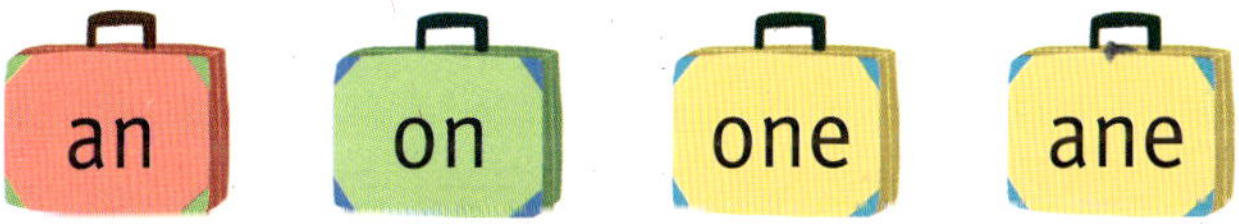

un téléph... - de la c...fiture - une br...che - un mel...
une carav... - une ban... - un m...teau

Je lis les phrases. Je montre la phrase qui correspond à l'image.

Carine connait bien les animaux de la ferme.
Fanny a fait une promenade à poney.
Anne ramasse des pommes sous le pommier.

Des sons et des lettres : j'entends (z), je vois [s], [z]

> Je nomme les dessins. Je les montre quand j'entends (z).

> Je nomme les dessins. Je montre la case où j'entends (z).

  0  

> Je lis les mots. Je montre la lettre qui est avant et celle qui est après le son (z).

a e i o u

une cousine - une prison - une tisane - une maison - une rose

> Je dis la couleur du ballon qui contient le même motif que le premier ballon.

cousin	cousin	poisson	cousin	poisson
poisson	poisson	coussin	coussin	poison
coussin	coussin	cousin	coussin	cousin

Je lis.

se raser - arroser - user - peser - oser - présenter
une cerise - des ciseaux - une usine - une chemise
un zèbre - un zoo - l'horizon - un lézard - un bazar

⚠ du riz - des amis - des enfants

Je montre le mot qui correspond à l'image.

14

treize
douze
quatorze

une rose
une pose
une chose

une fusée
un fusil
un fuseau

Je lis les phrases. Je montre la phrase qui correspond à l'image.

Le garçon pose l'animal sur la pelouse.
Élisa se repose sur son lit.
À la maison, Zoé écoute de la musique.

La lettre c :
Je vois c, j'entends k ou s

Je lis.

un cartable - une couture - une cuvette
un crabe - une cloche - un citron - un cycle
un cercle - le silence - un morceau

Je choisis la bonne valise pour compléter chaque mot.

un ...napé - une ...lotte - un ...deau - du cho...lat

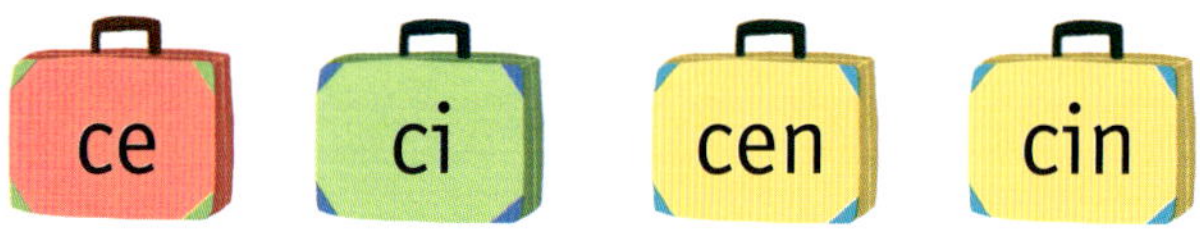

le ...tre - une ra...ne - une ...rise - un pou... - un ...tre

Je dis la couleur du collier dans lequel j'entends seulement le son s.

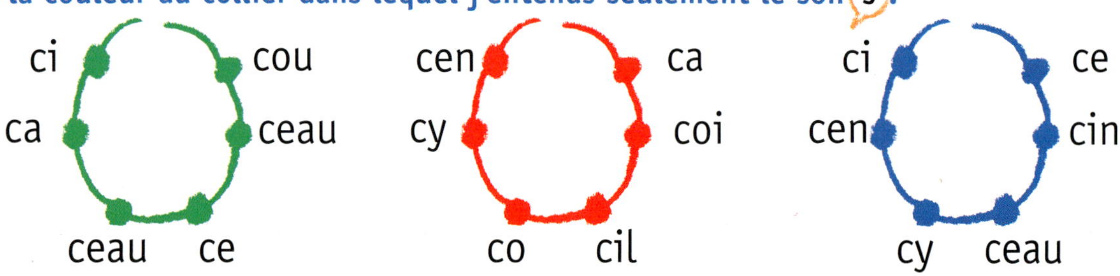

La lettre s :
Je vois s, j'entends s ou z

Je lis.

une salade - du sucre - un serpent
un costume - un casque - une poste
une pastèque - une sardine - de la poussière
une bosse - une tasse - une caresse
une cuisine - une valise - une usine
une fusée - un vase - il est rusé

Je montre le mot qui correspond à l'image.

une caisse
une case
une cuisse

une poste
un soldat
un costume

une valise
un vase
une veste

J'aide Kimamila à trouver le chemin qui passe seulement par des mots contenant le son z.

une fusée — un vase — une ruse — une chose

une rose — une pose — un bison — la chasse

Des sons et des lettres : j'entends (j), je vois j, g

Je nomme les dessins. Je les montre quand j'entends (j).

Je nomme les dessins. Je montre la case où j'entends (j).

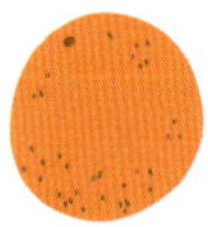

Je montre toutes les façons d'écrire le son (j).

j	g	j	g	i	g	l	i	J	g	g

Je dis la couleur du ballon qui contient le même motif que le premier ballon.

Je lis.

je - ja - jou - ju - jé - ge - gi - gen - gea - geon - gean - geai
un jupon - un journal - jamais - jeter - c'est joli
une image - du fromage - un juge - un gendarme
la magie - une girafe - du givre - une gifle
il neigeait - il nageait - il bougeait - nous nageons

Je montre le mot qui correspond à l'image.

une jupe
des jumeaux
du jus

un bourgeon
un pigeon
un plongeon

un genou
un géant
la gelée

une gifle
une girafe
du givre

Je lis les phrases. Je montre la phrase qui correspond à l'image.

Jérôme mange une jolie pêche jaune.
Jules épluche une orange.
Régis rougit parce qu'il dit un mensonge.

Des sons et des lettres :
j'entends è, je vois e, et

Je nomme les dessins. Je les montre quand j'entends è.

Je lis les mots. Je montre les deux lettres qui suivent la lettre e qui se dit è.

r	l	t	s	c

une pelle - un verre - une tresse - une brouette
la lecture - une veste - une perle - un escalier

Je regarde les mots soulignés. Je dis combien de fois je les vois dans chaque ligne.

poulet poule poulet poulette poulet poule poulain
sifflet siffle siffler sifflet siffleur sifflet siffler

J'aide Kimamila à trouver le chemin qui passe seulement par des mots contenant le son è.

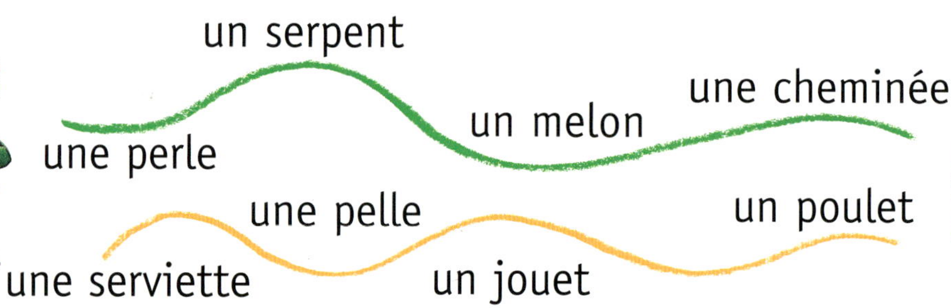

Je lis.

une ferme - un reste - une fermeture - un serpent - une herbe
un gilet - un bonnet - un sifflet - un bouquet - un carnet
un tunnel - un appel - un hôtel - du sel - le gel
une caresse - une échelle - une brouette - une benne

Je dis dans quelle valise peut aller chaque mot en image.

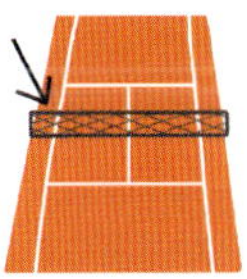

Je lis les phrases. Je montre la phrase qui correspond à l'image.

Armelle met ses lunettes.
Juliette trouve un ver de terre.
Mon père a des lunettes.

Des sons et des lettres : j'entends (g), je vois g, gu

Je nomme les dessins. Je les montre quand j'entends (g).

Je lis les mots. Je montre la lettre qui suit la lettre g qui se dit (g).

a o u r l

un garçon - une figure - une graine - une glace - une gomme

Je montre toutes les façons d'écrire le son (g).

ga	go	gui	qui	gue	gon	que

Je dis la couleur du ballon qui contient le même motif que le premier ballon.

ga go ga — ga gui go — ga gue gui — ga go ga — gui gui go

Je lis.

un bagage - un garde - un garagiste - une bagarre
une gomme - une gourde - le gout - gouter
il est grand - il est gros - un chat gris - un gland - une glace
un guidon - un guide - une figue - une meringue
une baguette - du muguet - une guêpe

⚠ un rang - du sang - c'est long

Je montre le mot qui correspond à l'image.

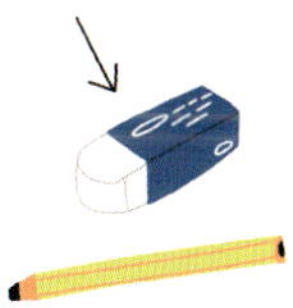

une gorge
une gomme
un gouter

un bagage
une bagarre
un garage

un guidon
un guide
une guitare

Je lis les phrases. Je montre la phrase qui correspond à l'image.

Au gouter, Grégoire mange une grosse gaufre.
Gaétan, lui, mange une glace au nougat.
Gaëlle préfère les glaces à la fraise.

Des sons et des lettres : j'entends (in), je vois [in], [ain], [ein]

> Je nomme les dessins. Je les montre quand j'entends (in).

> Je nomme les dessins. Je montre la case où j'entends (in).

> Je montre toutes les façons d'écrire le son (in).

in	ain	ein	nie	nai	ain	in	nei	ein	in	ni

> Je dis la couleur du collier dans lequel j'entends seulement le son (in).

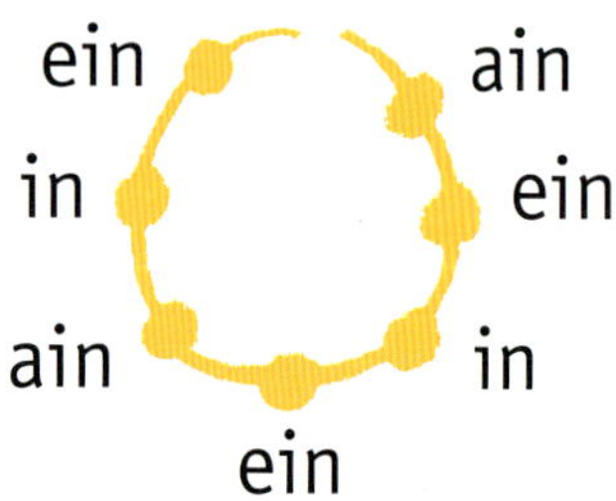

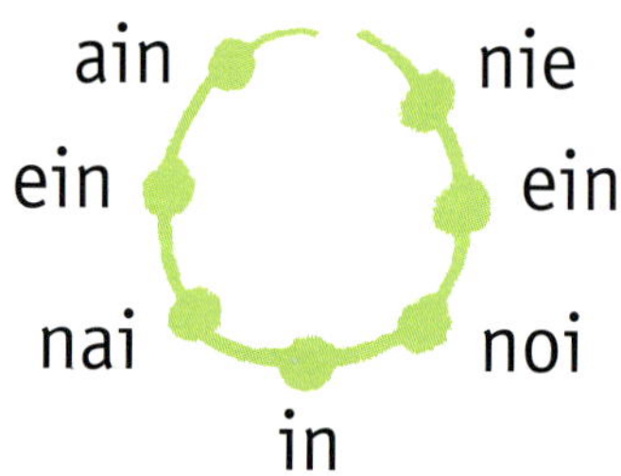

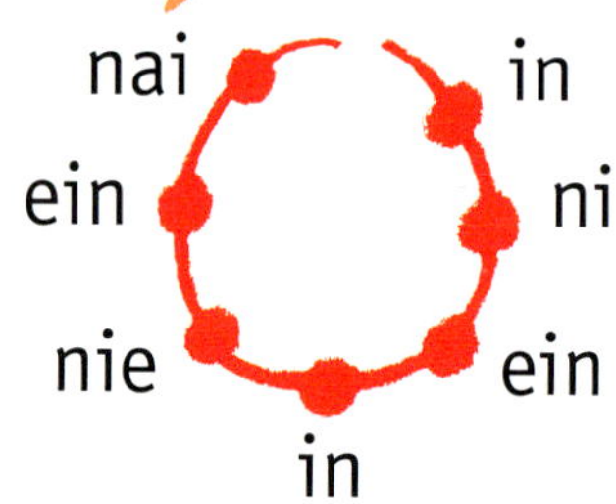

Je lis.

lain - tein - sain - fin - pin - tin - rein - vin - tim - pim
un moulin - le matin - un patin - un sapin - un requin
une main - maintenant - demain - un poulain - du pain
un rein - une ceinture - un frein - peindre
une timbale - un timbre - un imperméable

⚠ lundi - chacun

Je dis dans quelle valise peut aller chaque mot en image.

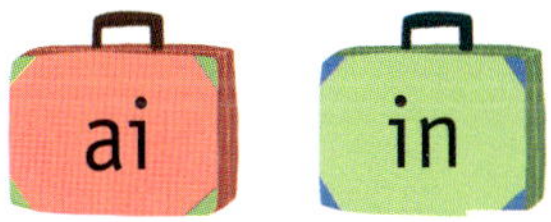

Je lis les phrases. Je montre la phrase qui correspond à l'image.

Le dessin de Paul représente un train.
Vincent peint la salle de bains.
Martin a fait un beau dessin ce matin.

La lettre g :
Je vois g, j'entends g ou j

Je lis.

une bagarre - un gouter - une figure
une règle - un aigle - une figue - une guêpe
une bague - une langue - une grimace
une girafe - un genou - une image
un pigeon - une orangeade

Je choisis la bonne valise pour compléter chaque mot.

un ma...sin - une ba... - une ...tare - une ...mme

une oran...de - une ...rafe - un pi... - un ...nou

Je dis la couleur du collier dans lequel j'entends seulement le son g.

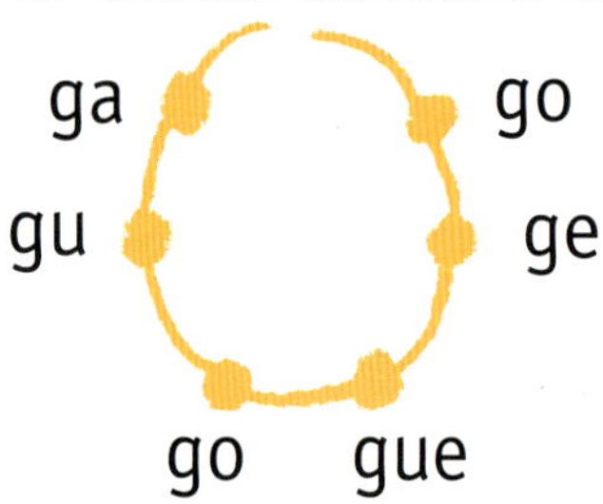

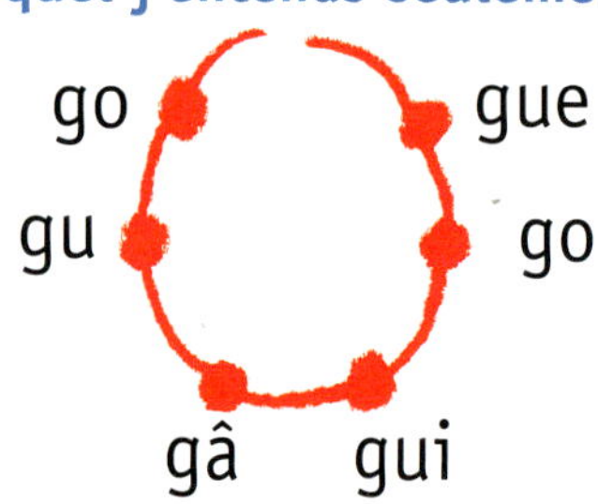

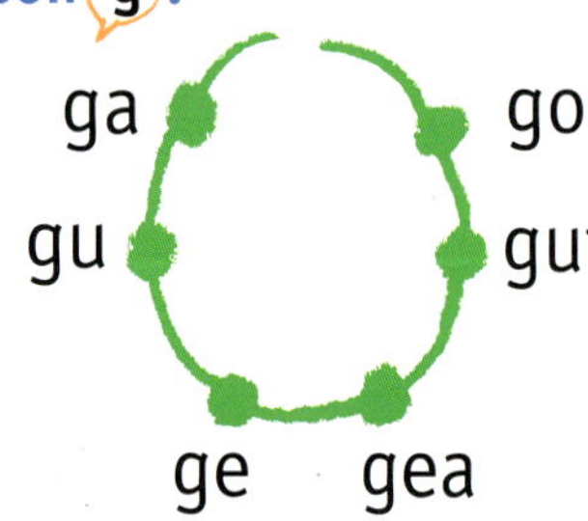

Des sons et des lettres :
j'entends (in), (en), je vois [in], [en]

> Je nomme les dessins. Je relie avec le doigt chaque dessin au bon nombre de syllabes.

> Je lis les mots. Je montre la lettre qui suit la lettre **n**.

a e i o u

un renard - une usine - un canoë - venir - inutile

> Je choisis la bonne valise pour compléter chaque mot.

un mat... - une m...te - une av...e - une p...dule - une t...e

> J'aide Kimamila à trouver le chemin qui passe seulement par des mots contenant le son (n).

minute - cousine - venir - graine

machine - jardin - tenue - fenêtre

Des sons et des lettres : j'entends oi, oin, je vois oi, oin

Je nomme les dessins. Je les montre quand j'entends oi.

Je nomme les dessins. Je les montre quand j'entends oin.

Je montre d'abord tous les oi puis tous les oin.

oi	ain	oin	oi	oin	io	oin	ion	oi	oin

Je dis la couleur du ballon qui contient le même motif que le premier ballon.

- oi oin oin
- oin oi noi
- oi oin noi
- oi oin oin

Je lis.

moi - toi - soi - une fois - un roi - une loi - un loir
il est pointu - il est coincé - un coin - un soin - c'est loin
un toit - un devoir - le mouchoir - un tiroir - une toilette
un besoin - un poing - le lointain - un témoin - moins

Je montre le mot qui correspond à l'image.

du foie
un fou
du foin

une noix
noir
le nord

un tiroir
un miroir
un couloir

Je lis les phrases. Je montre la phrase qui correspond à l'image.

Le chat noir a renversé le bocal du poisson rouge.
L'été est la saison des foins et des moissons.

Des sons et des lettres : j'entends (eu), je vois [eu], [œu]

> Je nomme les dessins. Je les montre quand j'entends (eu) de **deux**.

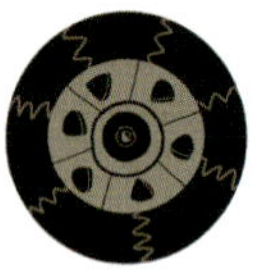    

> Je nomme les dessins. Je les montre quand j'entends (eu) de **pêcheur**.

> Je montre tous les **eu**.

eu	ne	*en*	eu	œu	en	ou	*eu*	ne	eu	*œu*

> Je dis la couleur du collier dans lequel j'entends seulement le son (eu).

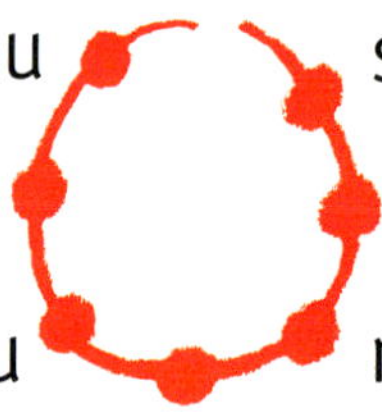

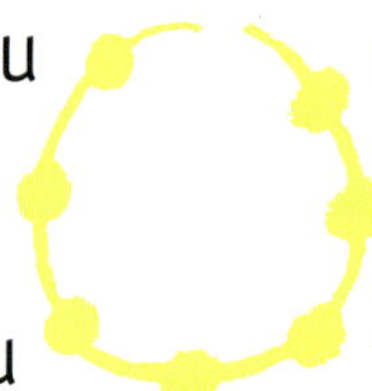

Je lis.

fameux - peureux - heureux - courageux
un peu - deux - un feutre - un cheveu - une danseuse
un vendeur - un coureur - un malheur - une odeur
un menteur - du beurre - une heure - la chaleur

une œuvre - un cœur - des œufs - des nœuds

Je montre le mot qui correspond à l'image.

un cœur
une sœur
un bœuf

un docteur
un coiffeur
un danseur

un facteur
un tracteur
un acteur

bleu
un feutre
des cheveux

Je lis les phrases. Je montre la phrase qui correspond à l'image.

Mathieu pleure parce qu'il a vu une araignée.
Il est un peu peureux.
Le petit garçon joue avec son nouveau jeu.
Il est tout heureux.
La rose est une fleur qui a une bonne odeur.

Des sons et des lettres : j'entends i, je vois ia, ion, ien...

ien  ien

un chien

ion

$$\begin{array}{r} 10 \\ +12 \\ \hline 22 \end{array}$$

ion

une opération

Je nomme les dessins. Je les montre quand j'entends ien.

Je nomme les dessins. Je les montre quand j'entends ion.

 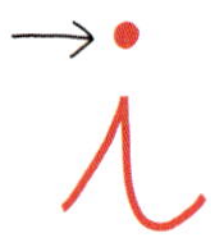  

Je regarde les mots soulignés. Je dis combien de fois je les vois dans chaque ligne.

lion loin lion loi lin loin loi lion loin lion loin

rien rein re ri rien rein rien rien ri rein rien

Je dis la couleur du ballon qui contient le même motif que le premier ballon.

lai lia vio via | lia lai vio voi | lai lia vio vian | lai lia vian vio | lai lia vio via

Le mécano des lettres

Je lis.

un piano - un aviateur - un violon - un pompier - un soulier
un triangle - un pliant - une occasion - une réunion
un lieu - le milieu - adieu - il est odieux - il est vieux
un magicien - un opticien - rien - c'est bien

⚠ une audition - une addition - une solution - une punition

Je choisis la bonne valise pour compléter chaque mot.

un coméd… - une c…ture - la p…ture - une soustract…
un av… - un ch… - un fr… - b…tôt - un cam… - un music…

Je lis les phrases. Je montre la phrase qui correspond à l'image.

Sébastien ne tient pas encore très bien sur ses jambes. Sa mère le soutient bien.

Marion tient bien son biberon, elle fait très attention.

Des sons et des lettres : j'entends ÿ, je vois y

un crayon

un noyau

un tuyau

Je nomme les dessins. Je les montre quand j'entends ÿ.

Je nomme les dessins. Je montre la case où j'entends ÿ.

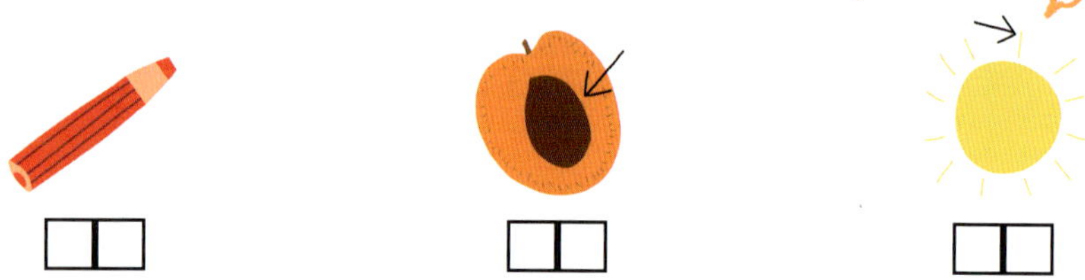

Je regarde les mots soulignés. Je dis combien de fois je les vois dans chaque ligne.

voyage voyageur voie voyez voyage voyant voyage

payer payeur payer payable payant payer paie payer

Je dis la couleur du collier dans lequel j'entends seulement le son ÿ.

payer voyager

balayer rayer

voyager rayer

paie balai

Je lis.

nettoyer - le nettoyage - un nettoyeur
balayer - une balayette - un balayeur
essayer - un essayage
une frayeur - effrayant

⚠ un pyjama - un cygne - une bicyclette

Je choisis la bonne valise pour compléter chaque mot.

ab... - r... - p... - nett... - ess... - bal...
env... - enn... - app... - n... - effr...

Je lis les phrases. Je montre la phrase qui correspond à l'image.

Le crayon a une jolie couleur violette.
Yves a cassé la mine de son crayon.
David a vu de beaux paysages en voyageant.

Des sons et des lettres :
j'entends ill, je vois ill.

Je nomme les dessins. Je les montre quand j'entends ill.

Je nomme les dessins. Je montre la case où j'entends ill.

Je regarde les mots soulignés. Je dis combien de fois je les vois dans chaque ligne.

<u>fille</u> fillette filleul fille file fille file fillette fille

<u>coquille</u> coquillage coquillette coquille coquillage

Je dis la couleur du collier dans lequel j'entends seulement le son ill.

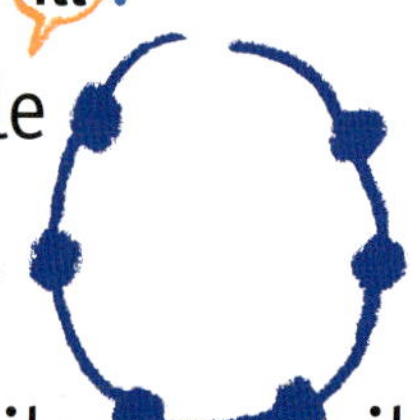

Le mécano des lettres

Je lis.

de la vanille - une chenille - une anguille - une cheville
une myrtille - une pastille - elle gaspille - elle se maquille
briller - griller - s'habiller - mordiller - se maquiller - sautiller
un billet - une grillade - un échantillon - un tourbillon

⚠ mille - un million - une ville - un village

Je choisis la bonne valise pour compléter chaque mot.

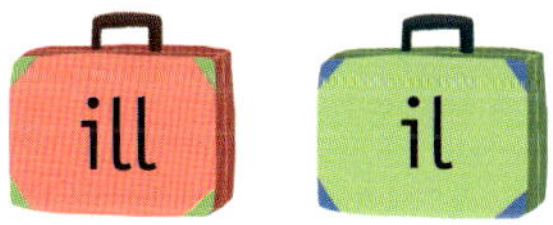

un b...et - un f...et - s'hab...er - une aigu...e - un sourc...
un gr...age - un gor...e - une p...e - des lent...es

Je lis les phrases. Je montre la phrase qui correspond à l'image.

Maman habille Camille avec une robe qui lui arrive jusqu'aux chevilles.

Bertille joue aux billes.

La fillette porte une robe rouge.

Des sons et des lettres : j'entends ail, eil, euil, ouil, je vois ail, eil, euil, ouil

Je nomme les dessins. Je les montre quand j'entends ail.

Je nomme les dessins. Je les montre quand j'entends eil.

Je regarde les mots soulignés. Je dis combien de fois je les vois dans chaque ligne.

rouille roule roulette rouille rouille rouiller

fouille foule fou fouille foule fouille fou

Je dis la couleur du ballon qui contient le même motif que le premier ballon.

ouille oule
euille eule

ouille oule
euille eule

ouille euille
oule eule

ouille oule
euille euille

Le mécano des lettres

Je lis.

un rail - un épouvantail - un éventail - un caillou
une maille - une paille - une écaille - une volaille
une nouille - une douille - embrouiller - rouiller
un chevreuil - un écureuil - un treuil - un fauteuil
un réveillon - se réveiller - un oreiller - une oreille
ensoleiller - le soleil - un orteil - un réveil

Je montre le mot qui correspond à l'image.

une médaille
un travail
une bataille

la rouille
une fouille
des nouilles

une feuille
un chevreuil
un écureuil

un soleil
une bouteille
une merveille

Je lis les phrases. Je montre la phrase qui correspond à l'image.

La corbeille brille au soleil.
La corbeille est pleine de vieilles pommes.
L'écureuil et le chevreuil vivent dans la forêt.

Des sons et des lettres : j'entends gn, je vois gn

gn

gn

un agneau

Je nomme les dessins. Je les montre quand j'entends gn.

Je nomme les dessins. Je montre la case où j'entends gn.

Je montre tous les gn.

agné	aga	ané	igno	inon	igna	ina	agne	eigne	igne

Je dis la couleur du ballon qui contient le même motif que le premier ballon.

pagne
panne
panier

panne
pagne
panier

panier
panne
pagne

pagne
panne
panier

Je lis.

une baignoire - une cigogne - une araignée - une ligne
une poignée - un beignet - un peignoir - un agneau
se baigner - se peigner - signer - souligner
soigner - accompagner - s'éloigner - s'égratigner

Je choisis la bonne valise pour compléter chaque mot.

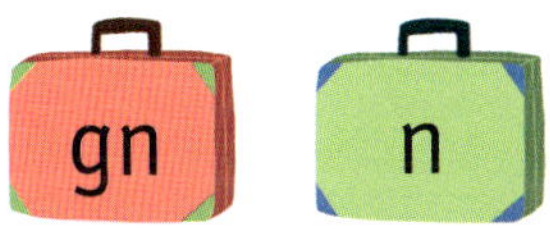

un ...uage - un bai...eur - un si...al - un ma...uel - un pei...e
une ba...ane - la campa...e - un champi...on

Je lis les phrases. Je montre la phrase qui correspond à l'image.

Il y a souvent des araignées dans les maisons de campagne.

Dans la forêt, en automne, on trouve des champignons et des châtaignes.

Le petit agneau qui est né ce matin est très mignon.

Maintenant, tu peux lire ce texte.
Tous les mots écrits en couleur sont des noms d'arbres.

Loulou, un petit garçon, raconte à Kimamila ce qu'il fera quand il sera grand...

Je rêve que, quand je serai grand,
je serai jardinier.
Je planterai des bouleaux
et beaucoup d'autres arbres.
Il y en aura de toutes espèces.
Il y aura des hêtres.
Des grands hêtres et des petits.
Il y aura de la place
pour tous les hêtres.
Ils seront bien.
Ils feront plaisir à voir.

Mon jardin sera plein de charmes
et aussi de cyprès,
mais pas si près les uns des autres.
Je les espacerai
pour qu'ils aient de la place,
pour qu'ils respirent.
Quand je serai grand,
je m'occuperai de jardins
peuplés de peupliers,
mais aussi d'arbres fruitiers,
mes arbres préférés,
surtout les pamplemoussiers
et les cerisiers.
C'est beau les cerisiers en fleurs.
Ce n'est pas comme le béton
et le bitume.

N° de projet : 10236114
Dépôt légal : juin 2017
Imprimé en France par
IME by Estimprim, 25110 Autechaux

ISBN 978-2-09-122698-9